AF440405

DU

SUFFRAGE UNIVERSEL

ET DE

SON APPLICATION

D'APRÈS UN MODE NOUVEAU

PAR

J. GUADET

BORDEAUX

P. CHAUMAS, LIBRAIRE

Cours du Chapeau-Rouge, 54

1871

DU SUFFRAGE UNIVERSEL

La souveraineté nationale est la base fondamentale de nos lois politiques; or, la souveraineté nationale a pour corollaire obligé le suffrage universel.

Mais comment doit s'exercer le suffrage universel? Question capitale!

Déjà en 1863 j'exposai mes idées sur ce sujet : elles étaient alors prématurées, elles arrivent à propos aujourd'hui, où il y a chez nous table rase d'institutions politiques et où tous les esprits sont en quête d'une nouvelle organisation sociale.

I

Ne craignons pas de le dire, dans tout ce qui a été essayé jusqu'ici on ne voit rien de rationnel en droit, rien d'acceptable en fait; et si nous appliquons le suffrage universel, c'est d'une façon illogique et avec une confusion absolue.

D'abord, le système en vigueur ne tient compte que des chiffres de population. Sans doute, s'il ne s'agissait que de représenter les individus en chair et en os, il serait très-naturel de ne s'inquiéter que du nombre, comme des moutons d'un troupeau; mais le grand agriculteur, le grand industriel qui enrichissent le pays, le savant qui éclaire ses concitoyens, l'artiste qui fait leur gloire, le médecin qui prolonge leur existence, ne mettent-ils donc au service de la patrie que des forces vitales absolument égales à celles que lui apportent le paysan bas-breton, par exemple, ou le simple manœuvre? Et sera-t-il raisonnable de mettre en balance le vote d'un Rothschild ou d'un Thiers avec celui d'un balayeur de rues?

Ensuite, vous réunissez dans les assemblées électorales des masses de citoyens groupés selon les hasards de la localité, et vous leur dites : Choisissez un mandataire qui vous *représente* tous; comme si une seule et même individualité pouvait *représenter* en même temps des propriétaires fonciers et des laboureurs, des manufacturiers et des ouvriers, des prêtres et des marins, etc., tous gens ayant des intérêts, des besoins, des sentiments non-seulement différents, mais opposés, des existences matérielles et morales non-seulement dissemblables, mais contraires; comme si, dans une assemblée électorale ainsi composée, il pouvait exister des intérêts collectifs, des sentiments collectifs tels, qu'ils puissent avoir leur expression dans un seul représentant! Aussi qu'arrive-t-il? Les électeurs, ne trouvant pour se grouper d'autre terrain que le terrain politique, se classent uniquement d'après le sentiment qui les fait amis ou ennemis du gouvernement, favorables ou hostiles à ses actes et même à son existence; ils forment des camps opposés, et les opérations électorales deviennent des batailles d'où sortent des victoires ou des défaites, quand elles ne devraient produire que des balancements de forces sociales. Aussi presque toujours nos élections ont-elles produit des assemblées anormales. Jugez-en : l'un des membres d'une de nos dernières chambres électives, formée par suffrage universel, voulant se rendre compte des éléments dont elle se composait, trouva que, sur ses 270 membres, il y avait 24 avocats ou notaires, 21 généraux ou colonels, 11 attachés à la cour, mais qu'on n'y comptait pas un savant proprement dit, pas un artiste, pas un prêtre, pas un marin. Or, je le demande, n'est-il pas excessif que les généraux et les colonels, les avocats et les notaires, les attachés à la cour atteignent des chiffres tels que ceux-là, quand les intérêts de la science, de la marine, des arts, du clergé, n'y sont nullement représentés? Mais voici qui est plus curieux encore : Dans ce chiffre de 270, l'élément noble entre pour près de moitié : 1 député prince, 3 députés ducs, 16 députés marquis, 33 députés comtes, 8 députés vicomtes, 24 députés barons, 23 députés décorés de la particule; total : 108. Et voilà ce qui sort d'un suffrage universel illogique et à l'état de confusion.

Eh bien ! votre mode de votation par bulletins de listes et à la simple pluralité des suffrages vient fausser plus encore le résultat des élections. Avec ce mode, il peut arriver, en effet, qu'un département n'envoie à l'Assemblée nationale que des hommes repoussés par l'immense majorité de ce département ! Et qu'on ne croie pas que j'exagère : nous avons en France cinq partis qui s'excluent, qui même vivent à l'état d'hostilité permanente : les républicains extrêmes, les républicains modérés, les napoléoniens, les orléanistes et les légitimistes ; que chacun de ces partis produise sa liste, celle qui réunira un quart des suffrages fera passer tous ses candidats, bien que ces mêmes candidats soient évidemment repoussés par les trois autres quarts (en chiffres ronds) des votants. Voyez plutôt les dernières élections de Paris : sur 545,000 électeurs inscrits, 69,708 voix font un député. Ce n'est plus de l'élection, c'est de l'escamotage.

Mais ce n'est pas tout : dans le vote par arrondissement électoral, chaque député représentait des masses de citoyens à peu près égales, ces arrondissements étant établis d'après un chiffre donné de population; avec les bulletins de listes, au contraire, on arrive à des inégalités choquantes. Ainsi, dans un département comptant 200,000 âmes (il y en a beaucoup dans ce cas), chaque député parlera au nom de 200,000 individus, tandis que dans le département de la Seine, chaque député parlera au nom de 2,000,000 d'âmes, c'est-à-dire d'une masse décuple; et cependant la voix de chacun de ces députés aura dans la Chambre la même valeur; ainsi, 2,000,000 de suffrages n'auront pas plus de voix au chapitre que 200,000. Et voilà comme avec un système absurde on arrive à un énorme non-sens.

Je pourrais faire ressortir bien d'autres énormités.

Dépêchons-nous donc de réléguer tout cela parmi les ruines du passé.

II

Le corps représentatif ne sera une réalité que s'il résume la société tout entière, que s'il en est l'image fidèle, que s'il en reproduit en abrégé tous les éléments : classes diverses, intérêts collectifs, sentiments, habitudes, et jusqu'aux préjugés. Supposez, en effet, qu'une classe entière de citoyens n'ait pas de représentants dans une Assemblée nationale, que cette Assemblée ne compte, par exemple, aucun artiste; supposez qu'un intérêt quelconque, celui des marins, si vous voulez, n'y soit pas représenté, il n'y aura pas de représentation véritable. La société n'est autre chose qu'une agglomération de minorités; eh bien ! il faut arriver à la représentation proportionnelle de toutes ces minorités : toutes doivent se retrouver dans le corps représentatif comme tous les traits du visage dans un portrait en miniature. A ces conditions seulement on aura une véritable représentation nationale; hors de là il n'y a qu'apparence mensongère.

Nos anciens états-généraux reposaient sur un principe rationnel; là chaque ordre était représenté par des mandataires spéciaux. Que la haine du passé ne nous aveugle pas sur ce qu'il eut de bon! Nous n'avons plus aujourd'hui un ordre du clergé, un ordre de la noblesse, un ordre du tiers-état; mais la société française n'est pas non plus d'une homogénéité complète : il y a chez nous , comme partout , des classes très-diverses , des positions très-variées, et ces diversités de classes et de positions sont d'autant plus stables qu'elles sont des conditions essentielles de toute société civilisée, que le temps et les révolutions n'ont que peu de prise sur elles. Il y a et il y aura toujours en France des classes de propriétaires, d'industriels, de cultivateurs, d'ouvriers, d'hommes voués aux sciences, aux lettres, aux arts, à l'administration, et ces classes diverses auront toujours des tendances, des besoins, des intérêts différents ; elles seront loin de sentir de même, de vivre de la même vie sociale. Eh bien! il y a là tous les éléments nécessaires à la formation d'un corps représentatif normal. Que tous ces groupes se donnent des représentants spéciaux dans l'Assemblée nationale, et cette assemblée sera elle-même la représentation vraie de la société, le portrait en miniature dont je parlais tout à l'heure.

Précisons davantage. La population totale de la France peut être distribuée en cinq grandes classes, savoir : 1º propriétaires; 2º laboureurs et autres personnes employés aux travaux agricoles; 3º industriels et commerçants; 4º ouvriers de tous genres ; 5º citoyens voués aux professions libérales, fonctionnaires et employés civils, clergé de tous les cultes. Il existera, je le sais, une grande inégalité numérique entre ces groupes divers : ceux qui représentent, soit la propriété rurale ou urbaine, soit le travail agricole, seront beaucoup plus considérables que les autres ; l'industrie et le commerce, patrons d'un côté, ouvriers de l'autre, constitueront des groupes moyens ; les professions libérales , avec les fonctionnaires, le clergé, n'arriveront guère qu'à un chiffre égal au tiers de celui des propriétaires ou des laboureurs, qui se balancent à peu près , à moitié de celui des industriels ou des ouvriers. Je placerais pourtant toutes ces classes sur des lignes parallèles, car c'est ici surtout que doit s'appliquer l'axiome : Les suffrages se pèsent et ne se comptent pas. Et notez que les faits se prêtent admirablement à l'application que j'en fais : les propriétaires et les laboureurs sont plus nombreux que les industriels et les ouvriers ; mais, par contre, ils sont moins intéressés qu'eux à la direction des affaires ; car les terres, les maisons du propriétaire traversent à peu près intactes les révolutions, et sont peu touchées par les vicissitudes de la société ; car pour les laboureurs il n'y a pas, comme pour l'ouvrier, de suspension de travaux , leurs bras ne restent jamais sans emploi ; quand l'ouvrier languit et souffre de misère , les laboureurs ont, quoi qu'il arrive, le travail et la vie assurés. D'autre part , si les professions libérales sont moins nombreuses encore que les industriels et les ouvriers, pour elles l'importance supplée au nombre : on trouve tout naturel que l'avocat, que le médecin, se fassent par leur talent une position plus élevée dans la société que celle du récureur d'égouts ou du garçon d'infirmerie ; que l'architecte trouve dans ses travaux un profit supérieur à celui de l'aide-maçon , que le magistrat ou le haut foctionnaire soient rétribués autrement que le garçon de bureau ; pourquoi cette supériorité de l'intelligence et du talent, qui élève dans la société l'avocat, le médecin, l'architecte, le magistrat ou le haut fonctionnaire au-dessus du récureur, de l'aide-maçon , du garçon de bureau, ne les mettrait-elle pas de même hors de ligne quand il s'agit d'élections ? pourquoi ne donnerait-elle pas à leur voix une valeur proportionnée à celle qu'elle a dans les autres circonstances de la vie? — Puis il y a à considérer l'importance générale des différentes classes, le poids qu'elles ont dans la société : telle classe, beaucoup moins nombreuse que telle autre, peut être, en définitive, beaucoup plus importante par le rôle qu'elle joue et le rang qu'elle occupe. Par exemple, que nous ayons d'un côté 10,000 propriétaires ou industriels ou bien 10,000 ouvriers ou laboureurs, et de l'autre 1,000 savants, hommes de lettres, artistes, magistrats, notaires, médecins, membres du clergé, etc.; serait-il juste de donner dix fois plus de représentants aux premiers qu'aux derniers? Évidemment non; car à côté des nombres *dix* et *un* il y a l'intérêt spécial des propriétaires ou des laboureurs, des industriels ou des ouvriers d'un côté, et de l'autre l'intérêt général des sciences, des lettres et des arts, de la magistrature, de l'administration générale, des cultes, etc., c'est-à-dire de tout ce qui fait la force et la gloire des sociétés. Si chacune des premières classes entre pour sa part dans l'existence matérielle des peuples, la dernière, à elle seule, fait la base de leur existence morale. N'y a-t-il pas là plus qu'il ne faut pour balancer le nombre par l'importance?

Me plaçant à un autre point de vue, je dirai encore en faveur des professions libérales qu'elles ont des droits tout particuliers à nos sympathies. — Le propriétaire, ou bien est le favori de la fortune qui le fit naître propriétaire, ou, s'il fut enfant de ses œuvres, la propriété dont il est possesseur lui a payé le prix de ses travaux; l'industriel trouve généralement dans de grands bénéfices la rémunération de son intelligence et de son activité : il a travaillé à son profit exclusif, il a fait de ses concitoyens des tributaires de son industrie, sans autre vue que son intérêt propre. Le savant, au contraire, consume sa vie, non pas à son profit, mais au profit de tous; il fait des découvertes qui souvent ruinent sa santé et sa fortune, mais qui profitent à son pays, à ses concitoyens, parfois au monde entier ; l'homme de lettres, l'artiste élèvent l'esprit de leurs contemporains, honorent leur patrie et très-souvent végètent dans un état misérable ; le professeur s'épuise en efforts réitérés pour donner à l'avenir une génération morale, éclairée, capable de grandes choses, et il trouve à peine dans ses travaux une existence modeste ; le magistrat, le fonctionnaire, le prêtre, chacun dans sa sphère, travaillent de leur personne, et sans perspective attrayante, à la prospérité de leur pays. Ne mesurez donc pas à la classe des savants, des hommes de lettres, des artistes, des fonctionnaires, de tous les hommes enfin exerçant les professions libérales, des représentants en proportion de leur nombre, mais en proportion des intérêts qui se personnifient en eux. Ils ont droit à se donner auprès de la société des représentants capables, non-seulement par leur valeur intellectuelle mais encore par leur nombre, de défendre leurs intérêts.

III

Les principes sont posés ; il n'y a plus qu'à entrer dans les applications. Je suis loin, du reste, de donner à ces applications un caractère absolu ; je ne dresse pas un projet de loi, j'expose une théorie.

La population de la France, ai-je dit, peut être partagée en cinq grandes classes. Reprenons successivement chacune de ces classes.

1º *Propriétaires.* — Cette classe se composera des propriétaires ruraux et urbains, payant une cote foncière de 20 fr. au moins, des rentiers, des fermiers exploitant la terre d'autrui moyennant une redevance annuelle fixe, et consacrant à cette exploitation un capital et un matériel qu'on peut regarder quelquefois comme l'équivalent de la terre. Ce groupe, le plus substantiel de la société, comprend le quart de la population environ. Eh bien! qu'il nomme un député par département, soit 89 députés.

2° *Cultivateurs.* — Sous cette dénomination, je comprends ceux qui ne payant pas une cote foncière de 20 fr., font produire au sol ses fruits par leur travail, comme maîtres-valets, colons et métayers, journaliers, ouvriers agricoles de toute espèce, soit employés à la journée, soit attachés à un domaine, jardiniers, bûcherons, charbonniers, etc. Qu'ils partagent les fruits avec le propriétaire du sol ou qu'ils reçoivent en salaire le prix de leur travail, les cultivateurs forment une classe spéciale et une classe non moins intéressante, plus intéressante même que la première, car leurs forces s'épuisent vite et leur vie dure peu à creuser le sillon d'où nous tirons l'aliment de notre existence, les délices mêmes de nos sensualités; que ces courageux travailleurs, qui forment à peu près un autre quart de la population, comptent aussi par département un député voué à leurs intérêts, soit 89 députés.

3° *Industriels et commerçants.* — Sous cette dénomination je comprends tout citoyen payant patente : entrepreneur, fabricant, commerçant de toute espèce, grand ou petit, leurs employés ou commis. Que cette classe, qui comprend environ un sixième de la population, nomme aussi un député par département; — je sais que d'un département à l'autre il y a des différences capitales; qu'ici l'on appellera à voter un nombre de citoyens relativement très-restreint, là un nombre excessif au contraire; qu'ici se trouveront engagés des intérêts immenses, là des intérêts minimes; mais à cela il y a peu d'inconvénients, puisque tous les députés nommés par les industriels et les commerçants représentent également les intérêts de l'industrie et du commerce. Ces députés se diviseront peut-être sur quelques points : les hauts-fourneaux du Nord, les soieries de Lyon et des départements voisins, les tissus de Normandie et d'Alsace, les produits des vignobles bordelais et bourguignons pourront soulever quelques dissentiments ; mais ce sont là des accidents inévitables, et au-dessus de chaque fraction d'un même groupe il y aura toujours le groupe entier, au-dessus de chaque groupe la représentation nationale entière, arbitre suprême de tous les différends.

4° *Ouvriers.* — Les ouvriers sont dans une catégorie parallèle à celle des industriels et des commerçants et à peu près égale en nombre. Que les ouvriers se fassent donc représenter aussi par un député dans chaque département. Sous la dénomination d'ouvrier je comprends tout homme, recevant salaire pour le travail de ses mains, à la journée ou à la pièce, dans un atelier ou chez lui ; tout travailleur enfin employé dans l'industrie et le commerce et non soumis à patente.

5° *Professions libérales, fonctionnaires et employés civils.* — Ce groupe comprend les savants, les hommes de lettres, les artistes, comme architectes, peintres, sculpteurs, graveurs, musiciens, tous les hommes appartenant à l'enseignement, le clergé, les médecins, chirurgiens, pharmaciens, les notaires, les avoués, les avocats, les huissiers, les fonctionnaires de toute sorte et de tous les degrés, depuis le plus haut jusqu'au plus minime. — Ici encore il y aura une très-grande inégalité entre les divers départements ; mais ici encore il s'agit d'un intérêt de classe et non d'un intérêt de localité ; et en définitive il importe peu que les députés représentant cet intérêt soient fournis par tel ou tel département. C'est, du reste, un des principaux avantages du système que j'expose de faire représenter des intérêts généraux et non des intérêts de localités, de détacher les députés des jalousies de clocher, si contraires au bien général du pays. Ce qu'il y a d'essentiel, c'est que jamais un procès ne soit jugé sans qu'aient pu se faire entendre les avocats préposés à la défense de chacun. — A ce groupe je donnerais encore un député par département. Je ne ferais d'exception que pour celui de la Seine, auquel j'en donnerais trois, à cause de Paris, la tête intellectuelle de la France.

6° *Militaires et marins en activité de service.* — Ici se présentent deux catégories de citoyens, tout à fait spéciales. — Les militaires, c'est un axiome reçu, ne délibèrent pas, ils forment un corps essentiellement passif; il ne faut pas, dit-on, que la force publique et le pouvoir d'en disposer soient dans les mêmes mains. Mais à cette considération on peut, quand il s'agit de représentation nationale, en opposer d'autres plus fondées. Les militaires sont des citoyens, et ils doivent jouir de tous les droits des citoyens; ils y ont même plus de titres que tous autres : ils versent leur sang pour la patrie, ils lui donnent les plus belles années de leur vie, lui sacrifient un état, un établissement; ils ont bien acquis le droit d'avoir des représentants à l'Assemblée nationale; et le leur refuser serait, en même temps qu'un déni de justice, une odieuse ingratitude. — En faveur des marins, on peut invoquer des raisons plus fortes encore : les marins, en effet, soit qu'ils appartiennent à la marine militaire ou à la marine marchande, constituent certainement l'une des parties les plus intéressantes de la nation française : ils contribuent, au prix de leurs jours, sans cesse en péril, à la gloire ou à la prospérité du pays; ils sont tenus envers l'État à des devoirs rigoureux qui les rendent contribuables de leur personne tant qu'il leur reste assez de force pour remplir ces devoirs. Il est donc juste que tout citoyen inscrit au rôle des marins soit appelé à concourir à la nomination des représentants de leur pays. — Je donnerais aux militaires, je donnerais aux marins, dix représentants dans la chambre élective, ensemble 20 représentants.

Tous les citoyens français doivent trouver place dans l'une des catégories ci-dessus énumérées : le fils majeur vivant avec son père propriétaire ou industriel, et qui n'aura pas de profession propre, suivra celle de son père; l'individu vivant d'une rente viagère sera classé comme propriétaire; celui qui exercera quelque industrie non soumise à patente, comme industriel. Les jeunes gens qui travaillent à se faire un état, bien qu'ils n'aient pas encore acquis le droit de l'exercer, comme les élèves des écoles de droit, de médecine, de pharmacie, des écoles normales des deux degrés, de l'école polytechnique, de l'école des beaux-arts, de l'école centrale des arts et manufactures, les clercs de notaire, clercs d'avoué ou d'huissier, etc., tous les retraités de l'État, voteront avec les citoyens appartenant aux professions libérales ou à l'administration. — Je n'excepterais du droit de voter que les mendiants, les vagabonds et gens sans domicile constaté, les pensionnaires des hospices, les citoyens frappés de condamnations et les interdits.

Si maintenant nous faisons la somme des représentants attribués à chaque classe, nous trouverons un chiffre total de 467, ce qui revient à 1 représentant pour 80,200 individus environ, ou pour 20,300 électeurs; chiffres moyens entre ceux que nous sommes habitués à voir figurer dans nos tableaux statistiques.

IV

Arrivons aux détails d'exécution; ils ont aussi leur importance.

En fait d'élections, la première condition est que l'opération soit le plus simple possible, qu'elle demande à l'électeur le moins d'efforts, le moins de dérangement qu'il se pourra.

Pendant longtemps l'opinion publique proscrivit l'élection à deux degrés; maintenant les deux degrés sont en honneur ; et il faut bien le reconnaître, le suffrage universel n'est raisonnable, n'est possible, qu'à la condition de deux opérations, les masses nommant des délégués, les délégués nommant des députés. Il est inutile d'en déduire les raisons, tout le monde les comprend.

Je voudrais donc que toutes les communes de 3,000 âmes et au-dessus (et il ne devrait pas y en avoir d'inférieures à ce chiffre) nommassent directement, dans chacune des catégories de propriétaires, de laboureurs, d'industriels, d'ouvriers, un délégué par cent électeurs, c'est-à-dire 1 entre 50 et 150, 2 entre 150 et 250, 3 entre 250 et 350, et ainsi de suite. Les communes de moins de 3,000 âmes seraient réunies à d'autres communes voisines, de manière à former un ensemble de 3,000 âmes au moins, et voteraient comme il vient d'être dit. Les électeurs appartenant aux classes libérales se réuniraient toujours au chef-lieu d'arrondissement, et nommeraient, eux aussi, 1 délégué pour 100 électeurs, c'est-à-dire entre 50 et 150, 2 entre 150 et 250, etc.

Tous les délégués se réuniraient au chef-lieu du département, toujours par catégorie, dont chacune nommerait un député.

Toutes les communes de France voteraient le même jour, un jour de dimanche ; tous les délégués voteraient aussi le même jour, le surlendemain mardi.

Les militaires et les marins procéderaient autrement. Les militaires voteraient par régiment, chaque bataillon ou escadron nommant un délégué ; tous ces délégués se réuniraient à Paris et nommeraient, par bulletins de listes, les 10 députés de l'armée. Il paraît difficile d'employer ici une autre manière de procéder.

Il serait fait quelque chose d'analogue pour les marins.

Une question peut s'élever : un grand nombre de citoyens appartiendront à plusieurs catégories à la fois ; un magistrat sera en même temps propriétaire , tel autre sera industriel et fonctionnaire en retraite, etc. Faudra-t-il admettre ces citoyens à voter dans différents groupes? Non. Faudra-t-il leur laisser la faculté de choisir eux-mêmes le groupe dans lequel ils devront voter? Pas davantage. Ils devront voter dans le groupe auquel ils tiennent de la manière la plus étroite. Il est évident, par exemple, qu'un prêtre propriétaire est surtout prêtre, que l'intérêt du prêtre est celui qui le touche le plus directement, qu'il lui importe bien autrement de faire corps avec les autres prêtres qu'avec les autres propriétaires, qui, du reste, compteront toujours assez de votants. Je procéderais donc du particulier au général, et en suivant l'ordre inverse de celui que j'ai établi dans la formation des groupes. Tout militaire ou marin en activité de service votera comme tel, qu'il soit ouvrier, industriel, laboureur ou propriétaire; tout fonctionnaire, tout avocat, etc., qu'ils soient ou non propriétaires ou industriels, voteront comme voués aux professions libérales. Ainsi, plus une classe sera spéciale et plus elle conservera de membres appartenant à sa spécialité, plus elle sera générale et plus elle cédera de ses membres aux autres classes. Ce sont surtout les minorités qu'il importe de conserver intactes pour leur laisser toute leur force.

V

Balancer équitablement, dans nos élections, les forces sociales, donner juste satisfaction à tous les intérêts, à tous les sentiments louables, équilibrer autant que possible l'élément matériel et l'élément intellectuel et moral, porter, en un mot, l'ordre dans le chaos, tel a été mon but, et je crois fermement l'avoir atteint; je crois, en d'autres termes, avoir posé la représentation nationale sur ses véritables bases en l'appuyant sur les différentes classes dont la société se compose, et l'avoir retirée ainsi du tohu-bohu dans lequel elle se débattait. Il est évident pour moi que mon système réunirait, chose rare, cette triple condition d'être fort, libéral et conservateur à la fois : il serait fort, car il s'appuierait sur les forces vives de la nation, sur des masses dont il représenterait réellement et logiquement tous les intérêts matériels et moraux ; il serait libéral, puisqu'il donnerait à chaque classe de citoyens l'importance qu'elle a dans la société ; il serait conservateur, puisque tous les intérêts, tous les besoins, tous les sentiments, toutes les tendances seraient satisfaits, et aussi et surtout parce que les mauvaises passions politiques, ce dissolvant universel dont le propre est de miner sans relâche les sociétés le mieux établies, y seraient remplacées par des intérêts positifs et des considérations morales, qui sont les fondements les plus solides d'un édifice social.

Qui pourrait, en effet, mettre en doute qu'une Assemblée nationale composée d'après le mode que j'indique ne remplît toutes les conditions voulues pour former une véritable Chambre représentative ? 1° Élue par l'universalité des citoyens, elle serait certainement le résultat du suffrage universel ; 2° elle représenterait au vrai toutes les classes, tous les intérêts, toutes les aspirations de la société, elle serait la société en miniature ; elle ne serait plus entraînée à devenir un club politique, mais, vouée sérieusement aux affaires du pays, elle garderait inévitablement le caractère d'un véritable corps représentatif.

Toutefois, la théorie que je viens d'exposer s'éloigne tellement de toutes celles qui ont prévalu jusqu'ici, qu'elle rencontrera peut-être peu de sympathie au premier abord, car les nations ne passent pas aisément d'un système établi à un système tout autre, et une nouveauté radicale appelle toujours la défiance. Et cependant l'expérience a montré bien souvent que ce qui n'obtint primitivement que dédain devient plus tard objet de respect, et qu'il faut donner aux théories nouvelles le temps de se faire accepter. On sème les idées comme on sème les plantes ; comme les plantes elles germent, naissent, grandissent et portent leurs fruits ; ce qui était impossible hier sera peut-être facile demain ; le monde marche, et chaque jour nous voyons du nouveau.

En fait de représentation nationale, combien nous sommes en avant de 1814 et de 1830 ! nous voguons en plein dans un système qu'on eût alors relégué parmi les plus extravagantes utopies. Avançons toujours : notre théorie donne satisfaction aux grands intérêts sociaux, aux grandes et légitimes aspirations nationales, elle doit se faire accepter un peu plus tôt ou un peu plus tard.

APPENDICE

Dans une monarchie, une seconde chambre est nécessaire, qu'on l'appelle chambre haute, chambre des pairs ou sénat, parce que dans l'intérêt du chef de l'État, roi ou empereur, il convient qu'une assemblée moins démocratique tempère le pouvoir de l'assemblée populaire. En république je ne vois pas grande utilité à l'existence d'une seconde chambre ; toutefois certains publicistes pensent différemment. Or voici comment je comprendrais une seconde chambre.

I

Trois systèmes ont été essayés en France : 1° le système électif ; 2° le système d'hérédité ; 3° le système de nomination à vie par le chef de l'État ; aucun de ces systèmes ne me satisfait.

Dans le premier (système électif), de deux choses l'une : ou vous appliquerez le suffrage universel en laissant toute latitude aux choix des électeurs, et alors vous aurez une seconde chambre parfaitement semblable à la première ; ou bien vous n'appelerez au droit de voter qu'une partie des citoyens, soit en exigeant d'eux un cens quelconque ou un âge dépassant la majorité légale, ou bien encore vous restreindrez leurs choix, et alors vous violerez le principe de l'égalité des droits et vous rendrez les citoyens hostiles aux choix mêmes qui seront faits et par suite au corps qui en résultera.

Dans le second cas (système d'hérédité), je dirai qu'aujourd'hui il ne peut pas, comme autrefois, être question en France de gens distingués par leur naissance ; que notre société demande seulement à ses membres s'ils ont du mérite et non s'ils ont des ancêtres ; qu'elle s'inquiète peu de savoir s'ils reçurent le jour dans une chaumière ou dans un château ; puis (on l'a tant dit, que j'ai presque honte de le redire), d'un père recommandable par de hautes vertus, par une capacité hors ligne, peut naître un fils dissolu et inepte ; avec l'hérédité, il doit nécessairement arriver un moment où se fera sentir dans votre chambre une dégénération marquée, car les vertus et les capacités, si elles ne se recrutent au dehors, courent grand risque de s'y éteindre. Supposant même que par une faveur toute spéciale d'en haut, il soit donné à tous les membres de votre chambre de se passer indéfiniment leurs mérites de père en fils ; eh bien ! je dis qu'alors encore, il viendra un jour où cette chambre, toujours alimentée aux mêmes sources, à peu près stationnaire par là même quand le reste de la nation se transforme sans cesse, se trouvera, pour ainsi dire, étrangère au milieu de la société, entendant à peine le langage qui s'y parle. Nous marchons vite aujourd'hui, et malheur à qui s'arrête.

Enfin le système de nomination par le chef de l'État a peut-être moins de valeur encore que les deux autres. — La première condition de vie et d'autorité pour un corps politique, c'est d'avoir une existence propre ; or une chambre à la nomination du chef de l'État n'a pas d'existence propre, elle ne vit pas par elle-même, elle n'est autre chose qu'une émanation d'un autre pouvoir. Une pareille chambre serait toujours entre les mains du chef de l'État, qui pourrait périodiquement en composer la majorité. — Ne croyez pas que la nomination *à vie* transmette à ses membres une grande indépendance. N'établissez aucune analogie entre eux et les magistrats : ceux-ci sont liés par des attributions rigoureusement déterminées, ils doivent purement élucider un fait et y appliquer une loi positive et connue de tous ; leur nombre est invariable et nul ne peut, pour le besoin d'une cause, déplacer la majorité ; enfin les magistrats sont distribués en un grand nombre de tribunaux et se contrôlent selon une hiérarchie immuable. Il n'y a rien là qui s'applique à des sénateurs. — Circonscrirez-vous les choix du chef de l'État dans de certaines catégories ? Par là vous restreindrez bien quelque peu le domaine de l'arbitraire, vous lui couperez l'extrême bout des ailes, mais il lui restera encore un assez vaste champ pour s'étendre à son aise et des moyens suffisants pour s'ébattre à loisir. Puis restera toujours le vice de l'origine, l'absence de tout caractère représentatif ; votre sénat n'en sera ni plus ni moins qu'un simple conseil.

Je n'admettrais donc aucun des systèmes connus, et voici quel serait le mien.

II

Nous avons en France des hommes en possession de grandes fortunes territoriales ou industrielles ; nous avons des hommes parvenus à des positions très-élevées dans les sciences, dans les lettres, dans les arts, dans la magistrature, dans l'administration, dans le clergé, dans l'armée ou la marine ; des hommes que nous entourons de notre considération, et telle est aujourd'hui notre aristocratie, aristocratie toute personnelle. A la personne donc attachons des droits, des prérogatives.

Par nos grands propriétaires et nos grands industriels,

par nos sommités scientifiques, littéraires et artistiques, par nos principaux magistrats et fonctionnaires, par nos maréchaux et nos amiraux, par nos principaux évêques, arrivons à ce que la chambre haute soit, à l'instar de la chambre élective, la représentation réelle et complète de la société, son image fidèle dans ce qu'elle a de plus élevé ; qu'elle sorte du cœur de cette société traînant à sa suite une nombreuse clientelle.

Que dans le sénat donc (j'emploie ce mot comme le plus bref) tous les groupes composant la société soient encore représentés, non plus par droit de naissance, non plus par nomination arbitraire, non plus d'après l'élection, mais *de droit ;* que pour cela les sommités de chacun de ces groupes arrivent au sénat d'elles-mêmes, *suo jure.* De la sorte, plus d'hérédité qui, à la longue, met une Assemblée tout à fait en dehors du mouvement social ; plus de nominations émanées du pouvoir exécutif et qui font du sénat un instrument dans la main du chef de l'État ; plus d'élections qui ne seraient en réalité qu'un duplicata d'opérations précédentes ; mais système nouveau qui fait de la chambre haute une Assemblée représentant réellement la nation, sortant chaque jour de son sein, et se tenant ainsi en harmonie avec elle ; Assemblée vivant de sa propre vie, forte de sa propre force, et qui, sans avoir aucun des inconvénients attachés aux systèmes que nous repoussons, a tous les avantages qu'ils seraient capables de produire.

J'ajouterais, à l'adresse des rigoristes, que l'égalité politique ne consiste pas en ce qu'une tête ne dépasse pas l'autre, en ce que toutes soient alignées sous le même niveau, mais uniquement en ce qu'il n'y ait pas de position inaccessible au mérite, mérite auquel il faut laisser un aiguillon essentiellement favorable au progrès ; le principe d'égalité sociale n'exclut que l'inégalité résultant du hasard de la naissance, parce que celle-ci choque les instincts de l'homme que toute injustice irrite, et aussi parce qu'elle est funeste à la société, en ce qu'elle est un obstacle au progrès.

III

Quant à l'application de ma théorie, voici comment je la comprendrais :

Nous avons en France, ai-je dit, de riches propriétaires et de riches rentiers ; que les 40 ou 50 propriétaires les plus imposés au rôle des contributions foncières, à raison de biens exempts d'hypothèques, soit légales, soit conventionnelles ; que les 10 ou 12 rentiers inscrits au grand-livre de la dette publique pour le chiffre le plus élevé, depuis cinq ans au moins, arrivent au sénat par le fait seul de leur fortune, et qu'ils y siégent tant qu'ils conserveront leur position de plus forts imposés ou de plus riches rentiers. Les intérêts de la propriété foncière et mobilière seront ainsi parfaitement représentés.

La classe des industriels met elle-même en évidence ceux de ses membres qu'elle juge les plus dignes de son estime et de sa confiance par leur caractère et par leurs lumières ; elle nous désigne par là ses représentants naturels. Que tout citoyen donc qui aura été élu deux fois, par exemple, président de la chambre de commerce de Paris, trois fois de celle de Lyon, de Marseille, de Bordeaux, etc., soit de droit, ses fonctions terminées, membre du sénat ; qu'il en soit de même des citoyens qui auront été faits trois fois présidents du tribunal de commerce de Paris, ou quatre fois des tribunaux des principales villes de France. Le sénat recevra ainsi des hommes d'une haute position, essentiellement honorables, habitués à traiter les grandes affaires, et en même temps en possession d'une véritable influence parmi leurs concitoyens.

Que la classe des savants, des hommes de lettres, des artistes envoie à la chambre haute les secrétaires perpétuels des cinq académies dont se compose l'Institut de France et les doyens de ces cinq académies, les uns comme les représentants élus de la science, des lettres et des arts, les autres comme leurs plus honorables symboles ; qu'elle y envoie le directeur de l'Observatoire de Paris, le directeur de l'École polytechnique, les directeurs de l'École normale supérieure, de l'École des beaux-arts, et les doyens des Écoles de droit et de médecine de Paris.

Volontiers je serais libéral envers la magistrature, car il n'y a pas dans la société de classe qu'il nous importe plus de maintenir dans la haute estime de la nation. Ce groupe serait représenté par le premier président et les présidents de section de la Cour de cassation, et par les présidents des Cours d'appel de Paris, de Rennes, de Rouen, d'Orléans, de Dijon, de Lyon, de Bordeaux et de Toulouse.

Quant au groupe des fonctionnaires et employés, il ne faut pas le considérer seulement en lui-même ; mais il convient de lui tenir compte des lumières et de l'expérience que ses principaux membres peuvent apporter dans le sénat par leurs connaissances dans les affaires publiques et par leur habitude de les traiter à un point de vue élevé. Les fonctionnaires fourniraient donc au sénat le président du Conseil d'État, le président de la Cour des comptes, les ex-ministres ayant géré, en une ou plusieurs fois, un département pendant dix ans au moins, les ex-ambassadeurs ayant au moins quinze ans d'exercice, les préfets retraités de la Seine et des six départements du Rhône, des Bouches-du-Rhône, de la Gironde, de la Seine-Inférieure, du Nord et de la Loire-Inférieure.

Les militaires ont leurs représentants naturels dans les maréchaux et les généraux ayant commandé en chef. — Les marins seraient naturellement représentés par les amiraux et les quatre vice-amiraux les plus anciens de grade.

Enfin les principaux membres du clergé seraient aussi appelés au sénat. Sous le gouvernement impérial, les cardinaux français y avaient leur place marquée, en sorte que la barrette envoyée de Rome était une carte d'entrée dans notre sénat ; le pape faisait nos sénateurs. Il y avait là quelque chose de profondément étrange. Pour moi, je n'attacherais aucune prérogative au titre de cardinal, qui est complétement étranger à notre hiérarchie ecclésiastique.

qui ne crée pour celui qui en est revêtu aucun patronage, qui ne lui donne aucune juridiction. — Mais si le cardinal n'est rien pour moi, il n'en est pas de même des évêques : les évêques sont, de droit et de fait, à la tête d'une classe nombreuse d'hommes considérables par leur caractère et par leurs fonctions. Or, l'organisation hiérarchique de l'épiscopat nous désigne ceux de ses membres qu'il faut appeler au sénat de préférence à tous autres, les évêques métropolitains ou archevêques ; je ferais des dix plus anciens autant de sénateurs de droit. — Je ferais sénateurs aussi le président du consistoire général de la confession d'Augsbourg, le doyen des présidents des consistoires luthériens, et le rabbin qui préside au consistoire central des israélistes ; non qu'ils aient à leur suite de nombreux clients, mais parce qu'ils sont les représentants naturels d'intérêts tout spéciaux qui demandent impérieusement des défenseurs dans le sénat.

J'aurais ainsi de deux cents à deux cent cinquante sénateurs, et leur assemblée, d'après sa composition, réunirait certainement toutes les conditions nécessaires pour comprendre et traiter les plus hautes questions sociales, et en même temps toute l'autorité morale propre à donner le plus grand poids à ses décisions. Mais, je le répète, une pareille assemblée ne me paraît absolument nécessaire que dans une monarchie ; la République peut très-bien s'en passer, surtout avec le système de représentation nationale dont j'ai posé les bases.

Bordeaux. — Imp. Delmas